AF410093

Le nom de la jeune fille est Marie

Bernard Beaudin, PhD Th

CIP a Camerei Naționale a Cărții

Beaudin, Bernard.

Le nom de la jeune fille est Marie / Bernard Beaudin. – Chișinău : Generis Publishing, 2020 (Print on demand). – 55 p.

Referințe bibliogr. în subsol.

ISBN 978-9975-3238-1-9.

27

B 39

Cover image: www.pixabay.com

Generis Publishing

Online orders: www.generis-publishing.com
Orders by email: info@generis-publishing.com

Table des matières

Introduction

Le 11 octobre 1962, le bon pape Jean XXIII, en convoquant le Concile Vatican II, disait à l'époque que l'Église avait besoin d'ouvrir ses fenêtres et d'être dépoussiérée.[1] Globalement prises, les décisions du Concile de Trente, avaient établi un régime de gouvernance ecclésiale qui avait besoin d'être révisé. Extérieurement, la puissance et le prestige d'une Église refermée sur elle-même, n'affichait pas de déficit. Elle était restée figée dans sa grandeur! S'il fallait faire un grand ménage, le personnage de Marie, allait assurément se retrouver au centre du rajeunissement souhaité. L'Église avait atteint le summum de sa gloire méditerranéenne et vaticanesque. Tout comme Marie, d'ailleurs dont elle était la figure, Reine du ciel et de la terre.

De fortes personnalités du Vatican prétendaient que le nouveau Pape de 76 ans ne ferait pas de vagues, dans la conduite de son pontificat. Ils se trompaient. Le bon Pape Jean convoque les évêques du monde entier, à un exercice conciliaire dont l'objectif premier était de retourner aux racines mêmes du christianisme. Il voulait éviter à l'Église de se scléroser davantage, dû à sa longue tradition et à l'héritage de la Contre-Réforme. « Cela se voit que l'Esprit saint est plus intelligent que nous tous », confia-t-il confidentiellement à un évêque, peu de temps après son discours d'ouverture du Concile. Le Cardinal Martini disait deux jours avant sa mort en 2012 : *L'Église est en retard de 200 ans.*[1]

Le défi de la théologie et de la spiritualité mariales actuelles est de traduire pour aujourd'hui, le visage de la mère de Jésus, au-delà des différentes figures séculaires issues de la doctrine et de la piété. Comment présenter cette jeune fille juive et première convertie à l'événement-évangile, sans tenir compte du climat religieux contemporain. La prise de paroles du Pape François converge vers ce nécessaire renouvellement du discours religieux, en tenant compte des requêtes du monde

---

[1] Aleteia, oct. 2017
[1] Radio-Canada, Info, 2 sept 2012

présent et de la diversité des sensibilités croyantes. Le plus urgent est sans doute de donner aux jeunes générations, l'héritage marial auquel ils ont droit, signé de son sang : Voici ta Mère!

Jeunes et adultes sont de plus en plus avides de spiritualité. Ils magasinent sans faire la différence entre « foi et religion ». Ils craignent l'embrigadement face aux références religieuses traditionnelles. La pratique religieuse se limite aux aînés, et les jeunes dans l'ensemble, sont le plus souvent des illettrés de la foi chrétienne. Alors pourquoi s'intéresser à Marie? Qui se réfère encore à elle ? N'avons-nous pas tourné le dos au triomphal maximalisme marial dont certains excès ont fini par rendre la figure de Marie rébarbative à plusieurs, et particulièrement aux femmes et aux jeunes moins inspirés maintenant par certaines images de Marie qui n'ont plus de signification pour leur recherche spirituelle?

L'Histoire de l'Église se charge de nous rappeler, que cette crise de la foi et de son influence, n'est pas l'unique. Les réformateurs ont été nombreux au cours des siècles. L'Occident chrétien ne se glorifie plus d'être le paratonnerre de l'Église romaine. Il est maintenant en post christianisme. Le grand défi de l'Église n'est pas de fuir le monde laïque, mais de s'y intégrer.

Ce livre présentera le portrait évangélique de Marie. Il portera ensuite son regard sous l'angle des concepts théologiques et dogmatiques sur le personnage. Enfin, il présentera les traits essentiels pour bien célébrer Marie.

Chapitre I : Portrait évangélique marial

Biographie spirituelle

« Le nom de la jeune fille était Marie », est-il écrit en Luc (1,28).

Le portrait évoqué est déjà une interprétation de ce qu'a été le personnage dans l'appropriation de la vérité de foi par la première génération de chrétiens. Cette femme de l'Histoire fait parler d'elle depuis plus de deux mille ans. La Tradition chrétienne l'a toujours considérée être un reflet du visage humain de Dieu et du visage divin de l'humanité. Pourtant, la discrétion et la sobriété des textes bibliques sont surprenantes.

Il n'y a que dix-neuf petites mentions. Les paroles de Marie sont très limitées : Comment cela peut-il se faire, puisque je ne connais point d'homme (Lc 1, 34). Voici la servante du Seigneur, qu'il me soit fait selon ta parole (Lc 1, 38). Mon âme exalte le Seigneur (Lc 1, 46-56). Mon enfant, pourquoi nous as-tu fait cela? Vois! Ton père et moi, nous te cherchons, angoissés (Lc 2, 48). Ils n'ont plus de vin (Jn 2, 4). Tout ce qu'Il vous dira, faites-le (Jn 2, 6)

Progressivement, l'Église primitive a vu la place importante de Marie et a commencé à parler d'Elle. Les premières communautés chrétiennes ont exprimé leur propre expérience du Christ, le mystère de leur foi renouvelée, à travers la foi même de Marie, première convertie à l'événement-Évangile.

L'accès direct à Marie est impossible. Le détour par les évangiles est incontournable, sinon ce ne serait que pure fabulation; les récits apocryphes s'en chargeront et les siècles subséquents l'associeront aux discours apologétiques, christologiques et ecclésiologiques.

C'est surtout à partir du Concile d'Éphèse au 5e siècle que des rituels liturgiques associées à de nombreuses festivités populaires et éducatives fleuriront. Les hymnes, les processions iconographiques et les démonstrations théâtrales des mystères sur les parvis des églises, le culte des reliques traduiront la piété collective. Les dérives dévotionnelles apparaîtront.

À la charnière de l'Ancien et du Nouveau Testament

Le récit de l'Annonciation du Seigneur, selon Luc 1, 26-38, se présente comme étant à la charnière de l'Ancienne Alliance et de la Nouvelle personnalisées par deux générations de femmes : Élisabeth de Judée et Marie de Galilée. La narration est un genre littéraire utilisé dans l'Ancien Testament. C'est une forme d'écriture précise qui sert à décrire la vocation des interpellés que Dieu se choisit. Ainsi le "je suis avec toi" adressé à Moïse (Ex 3,12) se rencontre dans le récit de la mission de Gédéon (Juges 6,16). Les éléments des récits pour un appel particulier sont les suivants :

- 1) L'envoi : Dieu intervient dans la vie de son messager en lui proposant une action en son nom. Marie entend une étrange salutation : « Salut favorisée de Dieu)

- 2) L'objection du personnage appelé exprime une surprise et une opposition au projet de Dieu en évoquant soit sa jeunesse, sa petitesse, sa faiblesse... Marie émet une objection : « Comment cela peut-il se faire… ?

- 3) L'encouragement survient aussitôt : Dieu reprend cette remarque et la retourne par une parole d'encouragement "je suis avec toi". L'ange messager rassure Marie : « L'Esprit Saint viendra sur toi… »

•   4) Le signe : Dieu accorde un signe surnaturel ou extraordinaire. Marie apprend qu'Élisabeth est enceinte de 6 mois.

Ainsi donc l'évangile de l'Annonciation du Seigneur se situe bien au-delà d'une imagination débordante. Les mille et un tableaux, images, peintures et sculptures représentant l'événement de l'irruption de Dieu dans la vie de Marie de Nazareth, tentent d'illustrer que « rien n'est impossible à Dieu ».

La richesse de la personnalité de « l'humble servante » du Seigneur a provoqué des dérives dévotionnelles, sorties la plupart du temps, d'un imaginaire religieux débordant, déséquilibré et superstitieux même. D'une condition sociale bien ordinaire, l'imaginaire religieux débordant et des élaborations relevées ont fait qu'elle est devenue un personnage emblématique maintenant contestable. Une femme ordinaire, dont la vie quotidienne a tourné autour du puits du village, fut présentée comme le modèle anhistorique de la perfection accomplie.

La modeste petite Marie de Nazareth était loin de penser à tout ce qu'on a présupposé qu'elle était. Femme de la terre et pèlerine de sa foi juive métamorphosée, elle était devenue un personnage presque inaccessible, que Vatican II a ramené parmi nous, comme première convertie à l'Événement-Évangile.

Le concile constitue une étape importante dans l'évolution de la nouvelle compréhension du mystère marial, en donnant l'aval à l'*aggiornamento* souhaité : Marie est membre de l'Église dans l'Église. La mariologie doit être une partie intégrante de la pensée théologique en lien étroit et inséparable de la christologie et de l'ecclésiologie. Il n'y a qu'une Bonne Nouvelle : Christ est mort, Christ est ressuscité, Christ reviendra. Tel est l'événement-choc qui a changé le cours de l'Histoire et qui le change encore. Et c'est à partir de cet événement qu'il faut comprendre le « mystère » de Marie, d'autant plus qu'il ne s'est pas produit sans elle. Ce qui compte, c'est le regard de foi sur les événements relatant les différentes péricopes mariales dans les Évangiles.

Pour tout dire, il faut distinguer que Marie peut être perçue en trois différentes figures.

Marie racontée, selon les Écritures,
Marie conceptualisée, selon la théologie,
et Marie célébrée, dans la liturgie et dans la piété populaire.

La disponibilité de Marie

Au jour de l'irruption de Dieu à l'Annonciation, Marie vit une Pentecôte privée. Envahie par l'Esprit Saint qui la couvre totalement, Marie n'en revient pas de se sentir tant aimée et favorisée. Elle est débordante de joie et ce bonheur s'exprime dans un chant de reconnaissance que les chrétiens reprennent chaque jour, depuis cet événement-Évangile qui a changé l'Histoire du monde. *Mon âme exalte le Seigneur et mon esprit tressaille de joie en Dieu, mon Sauveur.* Quelle est chanceuse Élizabeth d'avoir été l'auditrice unique du chant de son engagement chrétien.

En réponse à l'amour de Dieu pour elle, Marie est surprise de son propre oui. Le bonheur que lui procure son adhésion au projet de Dieu, ne lui suggère rien d'autre que de se mettre à son service en répondant à l'envoyé de Dieu : *Je suis la Servante du Seigneur.* Sa disponibilité totale et sans réserve au projet de Dieu, pour elle et pour toute l'humanité, l'engage dans une collaboration unique pour qu'advienne la Nouvelle Alliance de Dieu-avec-nous.

Sa confiance se resserre par son dialogue avec Gabriel, l'Ange de Dieu. La confidence confiante qui se crée, est une méditation consciente et contemplative. Marie s'en remet à Dieu quand elle saisit qu'elle doit s'engager à entrer dans l'univers divin, par les portes de la foi dans la vie ordinaire de sa future maternité divine.

Cette grâce de ne pas tout comprendre, mais d'être suffisamment éclairée sur « comment cela peut être possible », est un don personnalisé de l'Esprit Saint. La jeune fille manifeste un trait caractériel spirituel d'elle-même, par l'engagement qu'elle prononce. Elle s'assure que son acquiescement comme « Servante du Seigneur » est libre, donc sans contrainte. Elle est capable d'ouverture à l'inouï du Père, rassurée par la nuée sainte qui l'ombrage. C'est donc avec son assistance promise : *Que tout se passe selon qu'il le dit.*

Marie est heureuse d'elle-même et fière de son oui. Elle est audacieuse et généreuse, prête à se donner et désireuse de tout donner. Dieu naîtra d'elle, en elle, par elle et pour elle. « Elle » c'est « nous » !

Cousin Zacharie, cousine Marie

La figure évangélique de Marie diffère de celle de son vieux cousin, Zacharie, le grand prêtre. Pourtant, il est un personnage expérimenté du Temple. Il a voulu savoir comment Dieu peut bien entrer dans sa vie, lors d'une vision semblable à l'annonciation faite à sa jeune cousine : « *À quoi connaîtrai-je cela* »? Sa question exprimait un doute. Il a eu six mois pour la reformuler, quand le moment de la circoncision de son fils arriva. Le silence qui lui fut imposé a fortifié sa foi en la toute-puissance de Dieu. (Lc1, 18)

Marie me propose une attitude plus dégagée dans la relation avec Dieu. Elle ne cherche pas tant à savoir qu'à comprendre comment elle peut collaborer au projet de Dieu d'être avec nous : *Comment cela sera-t-il?* (Lc 1,34) C'est comme si elle voulait que cet enfant annoncé soit déjà là. Cet empressement évoque la disponibilité intérieure de Marie, qui pourtant, est « troublée ».

Quand Dieu entre dans notre vie, celle-ci prend des contours parfois surprenants et exigeants. L'Incarnation de Dieu, dans la personne de Jésus, ne se limite pas à son seul moment historique. Elle se réalise dans la chair de l'Histoire et de notre histoire.

Cet enfant accueilli par la jeune fille de Nazareth, prend le visage de tous les enfants du monde qui attendent de recevoir les soins dont ils sont privés. Le oui de Marie fait naître Dieu au cœur de monde. Ainsi, ce mystère se répète chaque fois que les besoins naturels et spirituels des enfants sont comblés, par notre action, accordée à celle de l'Esprit. Tout enfant de la terre est une personne bien-aimée de Dieu. *Ne sommes-nous pas tous les enfants de Dieu?* (Jn 3, 2)

Pentecôte privée

L'Annonciation rappelle le "oui" de Marie à la mission que Dieu lui propose. L'Incarnation de Dieu, dans la personne de Jésus, ne se limite pas à son seul moment historique. Elle se réalise continuellement dans la chair de l'Histoire quand, comme Marie de Nazareth, nous acceptons d'être des « porteurs » de Jésus dans notre monde, soit là où nous vivons.

Le jour où le salut de Dieu surprend Marie, une Pentecôte privée s'annonce. Envahie par l'Esprit Saint qui la couvre totalement, Marie n'en revient pas de se sentir tant aimée et favorisée. Elle est débordante de joie et ce bonheur s'exprime dans un chant de reconnaissance que les chrétiens reprennent chaque jour, depuis cet événement-Évangile qui a changé l'Histoire du monde. *Mon âme exalte le Seigneur et mon esprit tressaille de joie en Dieu, mon Sauveur.* Quelle est chanceuse Élizabeth d'avoir été l'auditrice unique du chant de son engagement chrétien. (Lc 1, 46-56)

En réponse à l'amour de Dieu pour elle, Marie est surprise de son propre oui. Le bonheur que lui procure son adhésion au projet de Dieu, ne lui suggère rien d'autre que de se mettre à son service en répondant à l'envoyé de Dieu : *Je suis la Servante du Seigneur.* Sa disponibilité totale et sans réserve au projet de Dieu, pour elle et pour toute l'humanité, l'engage dans une collaboration unique pour qu'advienne la Nouvelle Alliance de Dieu-avec-nous.

Sa confiance se resserre par son dialogue avec Gabriel, l'Ange de Dieu. La confidence confiante qui se crée, est une méditation consciente et contemplative. Marie s'en remet à Dieu quand elle saisit qu'elle doit s'engager à entrer dans l'univers divin, par les portes de la foi dans la vie ordinaire de sa future maternité divine.

Cette grâce de ne pas tout comprendre, mais d'être suffisamment éclairée sur « comment cela peut être possible », est un don personnalisé de l'Esprit Saint. La jeune fille manifeste un trait caractériel spirituel d'elle-même, par l'engagement qu'elle prononce. Elle s'assure que son acquiescement comme « Servante du Seigneur » est libre et réfléchi. Elle est capable d'ouverture à l'inouï du Père, rassurée par la nuée sainte qui l'ombrage. C'est donc avec son assistance promise : *Que tout se passe selon qu'il le dit.*

Marie est heureuse d'elle-même et fière de son oui. Elle est audacieuse, libre et généreuse, prête à se donner et désireuse de tout donner. Dieu naîtra d'elle, en elle, par elle et pour elle. « Elle » c'est « nous » !

Maison de Marie, Maison de Dieu

Dieu vient habiter parmi nous. Il a fait le choix de sa demeure. La Maison de Dieu sera la Maison de Marie. Il la choisit car l'intérieur respire l'accueil et la simplicité.

Disons que Dieu reconnaît chez cette fille de Galilée, l'image de sa liberté, de sa raison et de son amour « …et cela était très bon » (Gn1, 31). C'est à l'Annonciation du Seigneur que tout commence pour Marie. Le rappel liturgique annuel de cet événement peut aussi s'appeler : la fête de l'Incarnation. Il est impossible de s'attacher à l'un des acteurs sans contempler l'autre : Marie et Jésus, le Fruit de son sein. Le mystère s'entoure d'une nuée : Dieu couvre Marie de son ombre et elle devient le chemin par lequel le Seigneur nous rejoint. Le secret du mystère de Dieu fait homme, appartient pour l'instant aux deux cousines.

La Maison de Nazareth voit entrer Marie dans notre histoire et Dieu dans notre chair. C'est la maison du quotidien, la maison des petits riens, la maison où se déroule la vie d'une famille engagée dans la banalité des responsabilités quotidiennes, entrecoupée de son lot d'appréhensions et de déceptions mais aussi de joie et de communion. C'est dans son milieu de vie, au cœur des préoccupations journalières, que l'expérience spirituelle de Marie se situe. L'Annonciation est un grand moment d'intériorité, une exceptionnelle vision de la volonté de Dieu. C'est l'acte de foi sans pareil qui fait connaître, comme l'assure saint Paul, « des réalités qu'on ne voit pas » (He 11, 1)

En suivant Jésus, pas à pas, Marie s'est engagée, en toute liberté, sur le chemin de sa croix et de sa résurrection, à son insu, sûre de son engagement parce qu'elle croit que le Seigneur est avec elle, avant même que l'ange le lui ait confirmé. La Maison de Nazareth s'ouvre sur Dieu qui nous visite et se révèle au milieu de nos occupations routinières quotidiennes. La maison de Nazareth accueille les hommes et les femmes en quête de salut et de spiritualité. Ils y apprennent la prière et l'engagement au service de l'Évangile. Contre toute logique humaine, la foi en la puissance de Dieu fait espérer jusqu'à l'impossible. Marie s'associe au projet de la nouvelle création que Dieu a voulue depuis l'échec de la première.

Marie a attiré le regard de Dieu sur elle. Elle est la femme qui a le cœur authentiquement ouvert à la volonté de Dieu. La première femme libre de la Nouvelle Alliance entre Dieu et l'humanité se réalise au moment-même de son adhésion au projet de Dieu pour elle et pour nous. La jeune fille de Nazareth a dit un oui franc et radical à une interprétation neuve et sans compromis de sa foi juive. Elle est la femme dont la foi s'est « christianisée » au fur et à mesure que se vivait à Nazareth, ce village inconsidéré, les futures béatitudes du Royaume des cieux.

La liberté de Marie

Dès les fiançailles, à cette époque de la culture juive, l'adolescente, promise à un homme, franchissait un premier échelon pour sa reconnaissance en tant que femme. La nouvelle fiancée et l'homme choisi par la famille vivaient une année entière dans une totale abstinence sexuelle. Le jeune homme, Joseph, le futur époux de Marie de Nazareth, était de la lignée de David. La jeune fille n'avait aucune ascendance reconnue. Ce couple de jeunes gens, vivait à Nazareth de Galilée. Rien ne pouvait sortir de bon de cette bourgade affirmera Nathanaël plus tard (Jn 1, 46).

Elle sera vraiment « femme » en tant que telle, dès la naissance de son premier enfant, surtout si c'est un garçon. Sa maternité évoluera cependant, dans l'ombre de son époux. En ce temps-là, la femme ne pouvait décider par elle-même de son avenir et donc elle devait s'appliquer à suivre les décisions prises pour elle. Telle était la destinée de la jeune fille de Nazareth, du nom de Marie.

Mais Dieu avait un projet de liberté pour sa privilégiée et sa bien-aimée. Ainsi, tout en respectant les us et coutumes dans lesquelles était enfermée Marie, Dieu a voulu lui donner accès à sa propre liberté. La proposition divine, entendue dans son cœur au moment de sa prière, un jour d'Annonciation, l'a chavirée de fond en comble. Elle était la préférée du Père. Il lui demandait que son premier-né soit son propre

Fils. Pour dire « oui » à une telle marque de confiance et d'amour, la future Mère devait être libre devant une pareille décision.

Pour se rendre totalement disponible et suffisamment éclairée sur sa future mission, Dieu a voulu son consentement, en toute liberté, pour que nous soit donner le Salut. C'est bien l'une des grâces dont elle a été comblée. Grâce que l'Esprit Saint reformulera dans les paroles à jamais reconnues et répétées d'Élizabeth : « Tu es bénie entre toutes les femmes… » (Lc 1, 42)

La hâte de Marie

Il est reconnu qu'une signature est un acte engageant l'identité et la responsabilité du parapheur. Marie a posé son nom au bas de la proposition que l'envoyé de Dieu lui a annoncée. La signataire a confirmé sa totale participation de Servante du Seigneur, avec l'encre indélébile de sa foi et de sa confiance au Proposeur Marie a signé la grande charte de l'amour inconditionnel de Dieu pour toute l'humanité. Sa décision a été bouleversante pour elle et pour le monde. L'initiative de ce projet de vie et de bonheur, continuellement renouvelé, appartient à Dieu. Si on y réfléchit bien, il y a chez Marie une forme d'impatience, dans son attente de voir se réaliser la Promesse divine annoncée, et la sienne humaine donnée. Son « comment » de l'Annonciation exprime un désir de coopération urgent. Elle part en toute hâte partager la joie de sa maternité avec Élisabeth.

Le récit de la présence de la mère de Jésus aux noces de Cana et aux adieux du Calvaire, illustre de façon symbolique, combien Marie est demeurée une vigilante croyante du début à la fin de la mission de Jésus.

Tout est bizarre aux noces de Cana : l'époux joue un rôle de figurant et l'épouse est absente. Le vin manque et l'organisateur se dit insatisfait des serviteurs qui auraient dû servir le meilleur vin en premier. De plus, une invitée, semble avoir une autorité de supervision, que personne ne lui a donnée, mais qui n'est pas contestée. Ces invraisemblances invitent à une lecture moins littérale. Le miracle de l'eau changée en vin, sous l'instigation impatiente de Marie, « signale » l'urgence de changer ce qui ne fait plus vivre. L'appel que Marie fait à Jésus semble venir trop vite et avant l'Heure prévue. Peu importe, elle risque un regard de foi vers son fils. Le « signe » qui survient n'est pas simplement un fait merveilleux, mais il est une personne, quelqu'un de mystérieux : Dieu en Jésus! La foi de Marie a évolué au point de reconnaître en son fils, son Seigneur, l'Époux des noces de Dieu avec la communauté des serviteurs de l'Évangile.

L'invitation faite aux servants d'accomplir tout ce que Jésus leur dira présente Marie dont l'intercession est déjà reconnue par les premières communautés chrétiennes. La recommandation de Marie est appel urgent à la conversion à l'Évangile. La mère de Jésus attend de son fils une réponse à tous les besoins de l'Église, nouvel Israël, et elle y croit tellement, que Jésus l'appelle à devenir la « Femme », c'est-à-dire mère universelle et spirituelle de tous les disciples qui reconnaîtront sa gloire que le Père lui donnera, à son Heure.

Marie vit cette Heure de Jésus glorifié, dans une attitude croyante attentive. Ce récit johannique se situe bien au-delà d'un mariage de village dont la mariée n'est pas nommée. L'évangéliste la prépare à gravir le Calvaire pour vivre l'ultime étape de la Croix, La signature de Marie, ayant accepté de participer au projet de Dieu, pour le Salut de l'humanité, sera authentifiée. Dans son dernier soupir d'amour, Jésus remet son esprit à son Père et sa Mère à chacun personnellement et à tous ecclésialement.

La conversion de Marie

Est-il possible d'aller au-delà des différentes figures séculaires de Marie, issues de la doctrine et de la piété, en traduisant un nouveau visage de la mère de Jésus comme étant celui d'une femme, interpellée sérieusement dans sa foi juive, au point d'être considérée comme la première convertie à l'événement-Évangile.

La foi d'une simple femme, Marie de Nazareth, et cette foi seule, la fit devenir pleinement elle-même. En effet, sa personnalité tout entière s'est développée dans les prises de décisions croyantes qu'elle a dû assumer dans l'histoire unique qui fut la sienne. La grâce dont elle fut « comblée » n'a nullement révoqué sa condition de femme. C'est dans toutes les dimensions de sa personne humaine que Marie a été épouse et mère. La sainte Vierge n'a jamais été une sorte de religieuse cloîtrée. Bien vénérer Marie, c'est faire par excellence l'expérience du Christ, c'est-à-dire l'expérience de la conversion radicale à celui qui est l'événement-Évangile.

Sa conversion, elle l'a assumée, non sans inquiétude, car elle a nécessité une compréhension d'elle-même complètement nouvelle. C'est graduellement, comme tout chrétien d'ailleurs, que Jésus est devenu pour elle, Dieu, préexistant avant qu'il s'incarne en elle. Femme de chez-nous, elle a été invitée à devenir, la mère personnelle et communautaire du Royaume dont il parlait et qui inquiétait tant Marie et sa famille.

« Ma mère, mes frères, mes sœurs sont ceux qui écoutent la parole de Dieu et qui la mettent en pratique » (Mc 3, 33-35)

La rencontre des deux cousines

Paraphrasons la réaction d'Élizabeth à l'arrivée de sa jeune cousine : *« Il ne fallait pas te déranger ainsi, juste pour venir jusqu'à moi, toi, la mère de mon Seigneur »*

(Lc 1,39-45). De sa Galilée natale, Marie s'était mise en chemin dans une caravane pour le voyage en Judée à Aïn-Karim, où sa bonne vieille cousine demeurait. La maison de Zacharie, son époux, était tel un presbytère, car il faisait office de grand prêtre, cette année-là.

Cette rencontre unique va traverser les siècles. C'est la Visitation! Mais qu'a-t-elle de si particulier pour que 20 siècles plus tard, on en contemple encore la scène? Il faut s'élever au-delà du premier niveau de lecture, pour connaître ce que révèle ce récit évangélique, raconté par Luc. Poussée par l'Esprit Saint dont elle vient d'être couverte de son ombre, c'est-à-dire envahie par sa présence, *Marie se rendit en hâte vers la région montagneuse... puis elle s'en retourna chez elle.*

Ce va-et-vient marial exprime déjà le lien qui l'unit à l'Esprit Saint après avoir dit « oui » au projet de Dieu sur elle. Dieu habite Mare qui habite Dieu, corps et âme. Il y a ici une joie que seules deux femmes ont le privilège de vivre. Deux futures mères dont les maternités relèvent de l'impossible qui n'appartient qu'à Dieu. Entrer en union spirituelle avec les deux cousines n'est-ce pas trouver la clef qui nous ouvre à l'amour trinitaire par la connaissance la plus mystérieuse de Celui qui vient nous sauver, don de l'Esprit Saint, fruit divin qu'Il a posé en Marie.

Du sein de sa vieille mère, Jean-Baptiste réagit comme pour prédire déjà son *Voici l'Agneau de Dieu...* (Jn 1, 29). Élizabeth, remplie à son tour de l'Esprit Saint s'exclame : Bienheureuse es-tu d'avoir cru. *Tu es bénie entre toutes les femmes et le fruit de ton sein est béni.* (Luc 1, 42) et Marie alors entonne son chant prophétique : *Mon âme exalte le Seigneur et mon esprit tressaille de joie en Dieu, mon Sauveur* (Lc 1, 46-47).

Les paroles d'Elisabeth : « *Bienheureuse celle qui a cru* » ne se rapportent pas seulement à ce moment précis de l'Annonciation. Assurément, cela représente le point culminant de la foi de Marie dans son attente du Christ, mais c'est aussi le point de départ, le commencement de tout son « itinéraire vers Dieu », de tout son cheminement dans la foi. Et sur cette route, d'une manière éminente et véritablement héroïque - et même avec un héroïsme dans la foi toujours plus grand-s'accomplira l'«obéissance » à la parole de la révélation divine, telle qu'elle l'avait professée[2] .

La maison d'Élizabeth est le premier sanctuaire marial où se vit une Pentecôte privée qui féconde la rencontre de l'Ancienne et de la Nouvelle Alliance. C'est le lieu sanctifié du partage et de la reconnaissance mutuelle entre les générations. En ce sanctuaire improvisé, s'entend le premier Ave Maria, le premier Credo et la première béatitude.

La Visitation en temps de pandémie

Se visiter en temps de pandémie du Covid19 est dangereux pour la santé des uns et des autres. Le confinement, la distanciation, la solitude, l'ennui sont devenus un règlement imposé, nécessaire à la protection de sa vie, surtout pour les plus âgés. Considérons la vieille cousine visitée, à toutes nos personnes âgées; et la jeune fille, à tout le personnel soignant. Ce qui peut être un bon rapprochement pour une réflexion spirituelle.

Mais, la visite de Marie à Élizabeth doit se comprendre à un niveau autre qu'un simple geste de courtoisie et de don de soi venant aider la future maman dans son âge avancé. Il s'agit de la connaissance d'un mystère, le mystère de notre foi chrétienne. La foi en cette révélation est personnelle, mais la joie de croire est communautaire. Ne serait-ce pas pour cela que Marie est venue chez Élizabeth? Les deux ont cru et leur bonheur s'exprime ensemble. Dans la nature humaine le

---

[2] Jean-Paul II, Redemtoris Mater, #14, 25 mars 1987

besoin de communiquer, de partager et de s'écouter est profondément ancré. L'éloignement de nos tâches habituelles peut nous donner plus facilement accès à visiter l'intérieur de notre cœur et le coin de nos priorités.

Il y a 2020 ans, une femme venait d'enfanter. Elle s'est mise en route par monts et par vaux de son pays, la Palestine. C'était une jeune fille juive de Nazareth. Elle venait d'apprendre qu'une cousine ménopausée était enceinte de six mois. Une adolescente ne pouvait pas partir seule comme ça. Elle a attendu qu'une caravane s'organise pour voyager du nord au sud, de la Galilée à la Judée, en traversant la Samarie suspectée d'infidélité à la loi de Moïse. Toujours est-il que Marie arriva chez sa vieille cousine à Ain Karim. Elle y demeura jusqu'à l'accouchement de bébé Jean, fils d'Élizabeth et de Zacharie, le père, grand-prêtre du Temple de Jérusalem à ce moment-là. Le pauvre ne pouvait plus parler depuis six mois. Il avait douté que « tout est possible pour Dieu ».

Plus tard, les gens appelleront son fils Jean, le baptiste, celui qui baptise. La scène de cette Visitation est racontée dans l'évangile de Luc (1, 39-45). Tout se passe entre une femme âgée, personnifiant l'Ancien Testament, et une jeune femme, annonçant le Nouveau Testament, entre Dieu et l'humanité. Cette rencontre est toujours célébrée dans l'Église après plus de 2000 ans. Elle doit assurément être d'une importance unique. Deux femmes chantent en duo, le nouveau projet de Dieu : être l'un des nôtres. « Tu es bénie entre toutes les femmes, cousine Marie ! » exulte la mère de Jean. Marie aussitôt s'exclame « Le Seigneur a fait pour moi des merveilles, Saint est son nom », en mon fils, son Fils bien-aimé. C'est la réalisation des prophéties anciennes.

Le mystère de l'Incarnation est proclamé par deux femmes, inspirées par l'Esprit Saint. Les premiers témoins du mystère du passage de Jésus, de la mort à la résurrection, sont aussi des femmes qui ont cru au message angélique « Il n'est plus au tombeau, il est ressuscité ». DIEU FAIT DES CHOIX SURPRENANTS. Il a ses raisons.

Exultation mariale

Mon âme exalte le Seigneur,
exulte mon esprit en Dieu, mon Sauveur !

Il s'est penché sur son humble servante ;
désormais, tous les âges me diront bienheureuse.

Le Puissant fit pour moi des merveilles ;
Saint est son nom !

Magnificat !
Chant du cœur qui se souvient.
Magnificat !
Chant libérateur,
Libérateur de la joie de Marie, de notre joie !
Chant du pauvre comblé,
Comblé des merveilles de Dieu.

En Marie, en moi,
Jésus donne, Jésus se donne.
Foi de Marie écoutant la parole,
Stimulant notre foi.
Magnificat ! Chant à l'amour éternel,
À l'amour d'un Dieu qui aime
Chacun d'un amour personnel.

Marie chante et proclame : Magnificat !
Dieu est merveilleux, magnifique !
Bienheureux, sommes-nous,
Dieu nous aime !

Saint est nom !

Son amour s'étend d'âge en âge
sur ceux qui le craignent.

Déployant la force de son bras, il disperse les superbes.
Il renverse les puissants de leur trône, il élève les humbles.

Dieu de Marie qui s'est faite « la toute petite » ;

Dieu de Jésus et de son Évangile ;

Dieu, maître de l'Histoire ;

Marie, servante d'un monde nouveau ;

Nous marchons nos chemins d'Évangile,

Nos regards tournés sur le présent,

Ensemble pour bâtir un lendemain meilleur

En hâte, avec toi, Marie,

Nous partons vers la terre nouvelle

De nos engagements d'Évangile

Vers les pauvres et les petits.

Magnificat !

Il comble de biens les affamés,
renvoie les riches les mains vides.

Il relève Israël son serviteur, il se souvient de son amour,
de la promesse faite à nos pères,

en faveur d'Abraham et de sa race, à jamais.

En toute simplicité et humilité,

Nous apportons une réponse empressée

Aux problèmes engendrés par la faim et l'injustice.

Le Magnificat est l'icône de notre engagement chrétien !

Il est notre chant de ralliement,

L'hymne des pauvres !

Avec zèle, esprit de foi, persévérance et audace,

Nous relevons les défis d'aujourd'hui.

Nous nous aidons mutuellement,

Attentifs aux plus vulnérables.

Notre terre souffre des abus du pouvoir

De l'argent et du profit !

Elle est blessée et a besoin de nos soins.

La charité, c'est notre vie donnée.

Notre vie, c'est un dévouement à déployer.

Qu'en chacun de nous, l'âme de Marie

Chante Magnificat, maintenant et toujours !

Bénis tous tes enfants ; à toi, ils ont recours ! »

Marie, la chef de famille

Jésus a commencé sa mission. Il conteste des habitudes qui ne font plus vivre, en d'autres mots, il dérange. Tout n'est plus comme avant, et pour la famille, et pour les autorités. Jésus est catégoriquement identifié comme étant l'allié du démon pour les scribes de Jérusalem, chargés d'enquêter sur lui. Marie est inquiète d'autant plus que la famille a décidé le tout pour le tout, afin de ramener Jésus à la maison. Ses frères et sœurs veulent éviter les ennuis et Marie aussi. Une attente éprouvante pour la mère qui accompagne le clan familial. Que va décider Jésus? Cinq fois le mot « mère » est répété dans ce court épisode de l'intervention urgente de la famille. Marie veut pour son fils un comportement plus conforme à la tradition. Mais Jésus veut pour sa mère une attitude plus éveillée à ce qu'il a déjà appelé les « affaires du Père ».

L'injonction maternelle et familiale est une fin de non-recevoir pour Jésus qui invite plutôt les siens à la conversion du regard qu'ils portent sur lui. Sa mère, ses frères et ses sœurs sont désormais ceux qui font la volonté du Père. Jésus place Marie dans un autre état de veille interprétative. Elle doit entrer dans une réflexion qui la conduira à voir en son fils, plus que l'enfant qu'elle a porté. La mère de Jésus doit se préparer à mettre de nouveau Jésus au monde, comme mère spirituelle de la grande famille du Royaume. Et l'évangéliste Marc conclut en disant que Jésus continua à enseigne. Pour la deuxième fois, Marie est renvoyée à ses propres décisions pour entrer davantage dans le mystère de l'amour inconditionnel de Dieu pour l'humanité. (Mc 3, 20-21; 31-35)

Chapitre II : Contemplation

Contemplation

Sur les chemins de la vie, s'échelonnent des belvédères de la contemplation. Le parcours de nos engagements est marqué par l'égrenage des joies et des peines. Dans « cette vallée de larmes »[3], s'essuient les pleurs du bonheur et comme celles de la souffrance.

Les premières places pour Marie n'ont rien de comparable avec celles qui se vendent à gros prix pour voir des spectacles de tout genre. Dieu lui a donné le laisser-passer pour être la plus proche contemplative de sa présence et de sa mission à la crèche, à la croix et à la communauté.

Dans un monde bruyant et impatient où la gratification doit être instantanée et la productivité immédiate, nous devons axer notre démarche spirituelle et même nos formes et formules de prière dans une perspective biblique et mariale. Celle-ci peut se définir par une attitude toujours renouvelée du regard contemplatif. L'espérance chrétienne, c'est déjà vivre de Dieu, dans un « maintenant » temporel puis éternel, à la suite du premier-né de Marie, transfiguré par sa Résurrection. Espérer Dieu ne peut être contraignant, il devrait être une sorte de loisir sacré qui transcende le temps.

Un couple en harmonie

Au moment où Marie fut surprise par le mystérieux messager, elle rêvait de sa vie future avec son fiancé, Joseph. Elle attendait le jour de son entrée dans la maison

---

[3] Salve Regina

de son époux. C'est durant cette période d'attente, imposée par la Loi hébraïque, qu'elle entend l'appel de Dieu lui proposer une maternité humainement inconcevable. En acceptant de revoir son projet de mariage avec Joseph, en tenant compte de l'irruption extraordinaire de Dieu dans sa vie, la jeune fille de Nazareth, s'engage dans une aventure de totale confiance en Dieu, avec une foi éclairée, qui ouvre au jeune couple, un avenir qu'il peut difficilement entrevoir, tant il est mystérieux. (Lc 1, 26-38)

La fiancée de Joseph est une femme décidée, sûre d'elle-même et solide dans la foi, malgré le faible espace de liberté dont elle peut jouir dans le cadre historique et culturel de son époque. Marie vient partager dans la maison de Zacharie, le sceptique, une joie incontrôlable. Ainsi est-il quand l'être humain dit son oui intelligent et confiant à participer à la liberté même de Dieu. C'est bien ce que traduit Marie dans son cantique du renversement des rôles et des trônes.

Marie a l'intelligence et la conviction de se savoir bienheureuse et aimée, comme l'une parmi la longue chaîne des croyants de l'ancienne Alliance et de celle qui se prépare en Jésus, l'envoyé du Père. Elle proclame une foi nouvelle, jamais acquise totalement, et constamment interprétée. Chaque fois qu'un croyant reconnaît Jésus « né d'une femme » et « né de Dieu » (Ga 4, 4) il est lui-même fils de cette femme et fils de Dieu.

Noël à fleur de terre.

Marie est en route vers Bethléem, et Joseph aussi marche son pas de veilleur de l'Avent messianique. L'Enfant va venir, attente parentale, attente familiale, attente de tous les peuples. L'Enfant, signe de la Présence de Dieu parmi les hommes, repose maintenant dans la mangeoire. Un avenir se prépare, encore inconnu. Des pauvres viennent raconter des choses sur l'Enfant de l'invraisemblance aux parents surpris! Leurs propos étonnent. Marie les retient et en garde mémoire. Joseph apprivoise le mystère, l'Enfant de ses rêves! Tout est silence et attente du Salut naissant. Le nouveau-né fait naître le monde au monde de Dieu. Le chœur des anges proclame la gloire de Dieu sur des airs d'hymnes pascales et d'alléluias festifs. (Lc 2, 1-20)

Le premier Noël n'est pas un simple souvenir. Il est bien plus. Les événements relatifs à la venue de Jésus dans la vie de Marie revivent encore aujourd'hui. La naissance de Jésus a été une réelle et personnelle rencontre avec Dieu pour les premiers croyants de l'Évangile, tels Marie, Joseph, Élisabeth, Zacharie, Jean-Baptiste, Siméon et Anne, les Bergers et les Mages. Ils ont ouvert leur cœur à l'Enfant qui vient habiter au milieu des demeures humaines.

La mangeoire symbolise la patène sur laquelle le Corps du Christ s'offre pour tous les hommes de bonne volonté. Répondre à l'invitation d'aller contempler « ce que le Seigneur nous a fait connaître et voir ce qui est arrivé », donne l'occasion de vivre une expérience spirituelle, tout comme Marie, bien au-delà de la présence physique de Jésus. (Lc 2, 15). Se pencher sur le berceau de Dieu, c'est reconnaître que sa naissance chez-nous, est déjà l'annonce de notre naissance en Dieu, dans une réciprocité spirituelle mystérieuse.

Ils suivent l'étoile comme Joseph suit ses rêves. Ils découvrent Dieu caché dans un enfant, avec Marie sa mère. La maison de Joseph est le symbole de la communauté des croyants, sans distinction de races et de cultures. La présence de ces personnages venus de loin exige de Marie un questionnement qui prolonge son état de veille et d'attente avant de découvrir ce que sera son enfant. Tout est silence durant cette visite. Temps d'admiration, espace d'adoration, moment de contemplation. Tous ceux et celles qui acceptent de suivre leur bonne étoile et leurs rêves de justice pour présenter et offrir Jésus aux chercheurs de Dieu doivent s'attendre comme Marie à vivre des moments d'ombre éprouvants. Marie nous apprend à raviver continuellement notre foi en notre étoile, signe de la présence salvifique de Dieu et de nos convictions croyantes. Même au milieu de l'apparente indifférence religieuse, il y aura toujours des gens, chercheurs de Dieu. (Mt 2, 1-12)

Pour prendre part à la grâce de la venue du Seigneur partageant notre propre existence, nous devons essayer de regarder avec les yeux du cœur, en demeurant éveillés aux cris des Jésus des crèches de notre monde. Nous devons être Peuple de Dieu qui rêve de justice et d'un avenir meilleur. Nous devons choisir la vie, et demeurer en lien avec les croyants de la première Alliance, Isaïe et Jean-Baptiste, véritables guetteurs des temps nouveaux, comme la liturgie nous y invite. Les prophètes ont annoncé que Celui qui vient fera de nos vies quotidiennes, les lieux où se révèlent les promesses anciennes. Dieu est présent dans la chair de chaque histoire personnelle et dans celle de l'Histoire de l'humanité.

La marche des migrants

Fuir est devenu nécessaire pour sauver le Sauveur de la stupidité et de l'intolérance du pouvoir asservissant. Marie et Joseph, premiers réfugiés de l'Évangile, prennent la route de l'exil pour aller vivre en émigrés. La croix de chemin se dresse déjà tout au long de l'itinéraire de foi des parents de l'Enfant qu'on veut attacher à la croix, bien avant son Heure. L'exil est un moment d'attente qui veut souligner l'importance de la relation étroite entre l'Enfant et sa mère intimement unis au mystère pascal qui va donner un sens à la vie et à ses souffrances.

Marie d'Égypte est la femme des frontières et la femme sans frontières. Elle est l'icône des passages difficiles et risqués aux frontières des changements d'époques et des époques de changements. Porte du Ciel sur la terre, Marie nous apprends à ne pas refouler, hors de nos propres frontières, les réfugiés de tous les horizons qui sont affaiblis à cause de la méchanceté des hommes et de la fragilité de la nature humaine. Le passeport du pauvre est la charité de ceux et celles qui l'accueillent. (Mt 2, 13-18)

La pratique religieuse

Toute la vie du vieillard Siméon fut une longue attente. Le vieux prophète du Temple personnifie le « petit reste » du peuple élu, en qui toutes les nations sont aussi appelées au salut. Marie apprend que la mission qui lui est confiée ne sera pas facile. Ce qui l'attend est encore incompréhensible pour elle. Marie est appelée à la conversion pour entrer dans la foi à son fils. Elle va devoir trancher avec « l'épée qui traversera sa vie ». L'épreuve de l'inconnu, de l'imprévisible et de l'incompréhensible feront partie du « oui » de son adhésion au projet de Salut de Dieu pour l'humanité.

Où est Jésus? Soucieuse attente pour Marie et Joseph! Il est demeuré au Temple à l'insu de ses parents. L'adolescent fait l'admiration de tous les interprètes de la Loi, sauf de ses parents qui ne comprennent pas sa fugue et encore moins son désir missionnaire qu'il évoque pour s'excuser. Les deux types de filiation de Jésus, fils de Marie et Fils de Dieu, est une distinction qui ne se fait pas facilement encore pour les parents. Leur pèlerinage de foi doit se poursuivre.

La foi de Marie a atteint l'âge de son fils de 12 ans. L'ultime épisode de la recherche de Jésus souligne le malaise intérieur de ne pas comprendre l'excuse de son adolescent d'être attentifs aux affaires de son Père. Cette réaction exprime que la foi des parents a besoin d'être réfléchie et instruite. Quand l'Évangile vient à notre rencontre, il bouleverse le cours de nos vies. Ainsi est l'expérience bouleversante de Marie et de Joseph. Telle est aussi la nôtre! (Lc 2, 41-50).

Marie de Pâques

Pâques est la grande fête du retour à la vie. Le froid, tel un linceul, a enveloppé « le vivant » dans une forme de mort. Mais la vie veut vivre : vie végétative, vie sensitive et vie intellective. C'est en quelque sorte, un continuel passage. Tout être vivant n'est pas inerte. Il se différencie par sa dynamique interne et son autonomie[4]. Vivre, c'est avant tout « se nourrir, croître et dépérir par soi-même ». (Aristote)

Le grand ménage du printemps de Dieu, s'impose pour les chrétiens que nous sommes. Entrons-en nous-mêmes et dépoussiérons notre image mariale. Imaginons Marie, témoin immédiat de la tragédie de la Croix. Suivons-la, après la terrible épreuve de la mise à mort de l'Amour fait chair. Elle est supportée par Jean, son fils spirituel. Où se retrouvent-ils? Dans la communauté des disciples inquiets et abasourdis, la « Première Église » en son « premier Samedi Saint ».

Pâques, c'est la Résurrection, le Passage de Jésus de l'Histoire au Christ, Fils de Dieu, victorieux de sa propre mort et de la nôtre. Rejoignons Marie dans sa pensée et son attitude au petit matin du 3è jour, au moment précis de l'arrivée subite des femmes du tombeau vide, essoufflées et affolées.

Retraite et Pentecôte communautaire

Où est Marie? Où est sa famille? Où sont les saintes femmes qui suivaient le Maître? Et les disciples? Et les pharisiens convertis Joseph et Nicodème et le Centurion de la Croix? Ces témoins des événements dramatiques de la passion de Jésus et de ses apparitions sont en retraite fermée. Tous avaient besoin de

---

•   [4] Le Philosophoire, Dominique Demange, La définition aristotélicienne de l'Ame, Éd.Vrin,   2003 N° 21, pages 65 à 85

comprendre. Maintenant, le souvenir d'une promesse leur est revenue : « *Mais le consolateur, l'Esprit-Saint, que le Père enverra en mon nom, vous enseignera toutes choses et vous rappellera tout ce que je vous ai dit (Jean14:25-26).*

La première communauté chrétienne est réunie dans la chambre haute, où Jésus avait voulu vivre l'ultime repas pascal avec les siens. La présence doublement maternelle de Marie est rassurante. Alors que naît l'Église et que son baptême est imminent, la mère de Jésus et du Christ est là. Son expérience de vie avec son fils est source d'unité et de paix. Sa tendresse maternelle, son témoignage apaisant, son silence contemplatif et son écoute compréhensive éclairent et aident chacun à se remettre du choc dramatique de la disparition de Jésus et de sa Résurrection (Ac 1, 14). Tous unis dans la prière, ils vivent dans l'attente d'être baptisés dans l'Esprit Saint. Ils en ont bien besoin car ils cherchent comment être témoins de la Résurrection de Jésus « à Jérusalem, dans toute la Judée et la Samarie, et jusqu'aux extrémités de la terre » (Ac 1, 8).

Marie aussi prie. Elle revoit et contemple en son cœur les grands moments de son « oui » à l'Annonciation, de son entrée dans la maison de Joseph, de la naissance de Jésus à Bethléem, de la vie familiale à Nazareth, des paroles du vieillard Siméon, de la disparition de Jésus à 12 ans, de la vraie famille du jeune rabbi par sa question « Qui est ma mère » (Mc 3, 13) de Cana où elle « avance l'Heure » de la mission de son fils et finalement de sa présence au Calvaire, des apparitions après la Résurrection.

Au milieu des premiers disciples, elle médite en son cœur sur le « comment » pouvait être sa vocation de mère de l'homme Jésus (Lc 1, 34). Maintenant, elle est placée une deuxième fois dans la hâte de savoir « comment » étais-ce possible d'assumer sa mission de Mère de Dieu et de l'Église. « Voici ton fils, voici ta mère » (Jean 19, 26-27) habite tout son être de femme d'un modeste village d'où « rien de peut sortir de bon » (Jn 1, 46).

Les disciples de la petite Communauté naissante veulent recevoir cette « force spirituelle promise par le Christ ressuscité et qui descendra sur eux comme un son d'un souffle violent et impétueux et comme la forme de langues de feu (Actes, 2, 1). Le vent et le feu sont des signes bibliques qui manifestent la présence de Dieu. Marie aussi veut progresser dans sa foi postpascale. Si nous la reconnaissons comme première chrétienne et première pèlerine de l'Évangile, c'est qu'elle s'est placée en démarche de conversion « sous l'ombre de l'Esprit Saint », par l'interprétation de son cheminement à la suite de son fils, Dieu fait homme en elle. Marie vit ce temps de Pentecôte communautaire, priant l'Esprit Saint de rouler la pierre du tombeau de la peur et de l'indifférence.

En se laissant envahir par ce vent et ce feu, les chrétiens des débuts de l'Église, voient leur foi au Christ devenir progressivement plus forte et plus articulée Éclairés et fortifiés, ils commencent à parler un seul et même langage, celui de l'Amour et chacun comprend dans sa propre langue. C'est progressivement que l'Esprit Saint se révèlent, comme est progressif notre chemin de foi à la suite du Christ. L'Esprit Saint est continuellement à l'œuvre dans la vie de la primitive Église comme dans celle d'aujourd'hui.

Aux dernières minutes de sa vie, Jésus nous a donné sa mère et puis a remis son esprit au Père. Aux premières heures après sa Résurrection, le Père nous donne l'Esprit de son Fils.

> Chaque personne est totalement elle-même mais toujours dans le don à l'autre. Extraordinaire effacement des personnes l'une devant l'autre : le Père s'efface dans son don au Fils : « *En lui, j'ai mis tout mon amour* », (Matthieu 17, 5), le Fils s'efface dans son offrande au Père : «*Ma nourriture est de faire la volonté de celui qui m'a envoyé*», (Jean 4, 34), l'Esprit écoute le dialogue du Père et du Fils : «*Ce qu'il entendra, il le dira... C'est de mon bien qu'il recevra*

et il vous le dévoilera », (Jean 16, 13-14). Voilà l'horizon de notre foi, son originalité au regard de toute autre religion[5],

Dieu a voulu que Marie, sa Mère et la nôtre soit témoin de son projet de salut pour l'humanité. Elle s'est offerte à Lui et à nous comme la Servante de cet Amour.

Appel à la joie

Si, comme Marie, nous voulons partager la grâce de la venue du Seigneur en nos vies, nous devons continuellement changer notre regard sur Dieu, sur les autres et sur nous-mêmes et notre environnement. C'est le principe même de la conversion à l'événement-Évangile et à la joie qu'il procure et qui ne peut nous être enlevée. Créer du neuf dans sa foi, c'est veiller à ne pas laisser mourir le feu de sa lampe, car le Maître peut venir dans la nuit de nos peurs et de nos prisons intérieures. Pleine de grâce, signifie remplie de la joie et de la présence de Dieu. Luc, dans son Évangile de l'Enfance, évoquent souvent cette joie envahissante que la présence de l'Emmanuel apporte :

- ➢ Gabriel, le messager, dit à Marie : *Réjouis-toi* (Lc 1, 28)
- ➢ Élisabeth s'exclame : *L'enfant en moi bondit de joie* (Lc 1, 44)
- ➢ Marie proclame : *Mon esprit tressaille de joie en Dieu* (Lc 1, 47)
- ➢ Amis et parents d'Élisabeth *partagent sa joie* (Lc 1, 58)
- ➢ Les Bergers entendent : *Je vous annonce une grande joie* (Lc 2, 10)
- ➢ Les Mages, *à la vue de l'étoile, furent remplis de joie* (Lc, 2 10

---

[5]La Croix – Croire, *Paul-Dominique Marcovits, o.p., L'Esprit Saint aux multiples noms, Publié le 24 mars 2016.*

Cette joie est l'écho de celle proclamée par les prophètes :

> ➤ Sophonie invite à la joie: *Crie de joie, fille de Sion, réjouis-toi et exulte de tout ton cœur, fille de Jérusalem. Yahvé est roi au milieu de toi, Israël.* (3, 14-15)
> ➤ Zacharie aussi répète : *Réjouis-toi de tout ton cœur et de toute ton âme, fille de Sion. Crie de joie fille de Jérusalem. Regarde, ton roi approche.*

La fille de Sion est Israël personnifié par une jeune fille, une jeune fille imaginaire. Ces cris de joie sont devenus réalité. La jeune fille n'est plus désormais imaginaire, elle est vraiment vivante et identifiable. Elle représente tout le peuple en attente. C'est Marie de Nazareth. Elle est l'image, la sainte icône du nouvel Israël, l'Église.

Marie donne naissance au Christ, sans prédication mais seulement en étant présente et proche de cette Église qui naît en même temps que son fils. Petit à petit, l'Église primitive a compris le rôle unique de Marie dans l'histoire de la Rédemption. Elle est considérée comme une femme contemplative de l'action de Dieu dans sa vie et engagée pour soutenir de sa prière et de sa présence silencieuse l'assemblée des croyants. Marie est bienheureuse car elle a cru, et a vécu l'attente quotidienne de la réalisation de son salut et du nôtre de la crèche au tombeau vide, C'est bien ce que l'ange lui a dit : *Réjouis-toi!*

Les trois motifs de l'invitation à la joie : la présence salvifique de Dieu au milieu de son peuple, la venue du roi messianique et la fécondité gratuite et surabondante, trouvent en Marie leur pleine réalisation. Ils légitiment le sens prégnant que la tradition a attribué à la salutation de l'ange. En l'invitant à donner son consentement à la réalisation de la promesse messianique et en lui annonçant sa très haute dignité de Mère du Sauveur, l'ange ne pouvait pas ne pas inviter Marie à se réjouir. En effet, comme le Concile nous le rappelle, « avec elle », la fille de Sion par excellence, après la longue attente de la promesse, s'accomplissent les temps et s'instaure l'économie nouvelle, lorsque le Fils de Dieu prit d'elle la nature humaine pour libérer l'homme du péché par les mystères de sa chaire »[6]

---

[6] Jean-Paul II, <u>La nouvelle Fille de Sion,</u> (LG, 55)   Audience générale du 1er mai 1996

Chapitre III : Marie des concepts théologiques

La Vierge Marie

Très tôt, dans l'histoire du monde chrétien, le développement dogmatique et apologétique du christianisme, nécessitait qu'on réfère à Marie surtout quand il fallait parler de l'humanité de Jésus et de l'unité de sa personne humaine et divine. De petite fille simple et modeste, Marie est devenue peu à peu une femme d'une exceptionnelle importance à cause de sa proximité avec le divin. Les présupposés relatifs à son élection par Dieu lui-même vont l'exiler dans un espace éthéré et pousser l'imaginaire religieux à des démonstrations qui frôlaient la mariolâtrie.

En outre, loin de faire l'objet d'un développement régulier et paisible, le dogme marial suit un cours terriblement accidenté, fait d'accélérations brusques et de résistances farouches, marqué par des controverses souvent violentes. Pour rendre compte de cet aspect passionnel, il convient sans doute d'aller plus loin encore dans l'exploration des soubassements " non théologiques " du discours marial. Cela conduit à se demander comment peuvent jouer les grands archétypes de la Vierge et de la Mère dans une structure ecclésiastique essentiellement masculine et célibataire[7].

En ce qui concerne la virginité de Marie, l'exégèse des 4e et 5e siècles fait de cette virginité un prérequis, une résolution précédant son oui. Cette affirmation ne peut être déduite du texte. La vocation possible de Marie à la virginité doit-elle être mise en rapport direct avec l'appel à la maternité à laquelle elle est convoquée par la vision? Y a-t-il une conception autre que biologisante pour saisir le mystère de l'Incarnation du Fils de Dieu dans le sein de Marie? Ni dans Matthieu ni dans Luc,

---

[7] Cerbelaud, Dominique, Marie, un parcours dogmatique, Paris, Cerf, 2003. 364 p.

la conception virginale ne doit être un préalable pour manifester la divinité du Messie, ni un rejet de l'exercice de la sexualité qui souillerait la mère et le Fils. Dans le même chapitre, Luc considère la grossesse d'Élisabeth comme une grâce et le résultat normal des relations[8].

La virginité de Marie n'est pas la dévaluation de la sexualité. Elle est un appel au respect du corps et non un jugement négatif pour dire que la sexualité est indubitablement un acte mauvais. Ce message cependant a été obnubilé au cours de l'histoire de l'Église par des idéologies issues des différentes manières de philosopher sur la « matière » depuis l'époque des Manichéens jusqu'à celle plus récente des Jansénistes et des Puritains, auxquelles les ultras conservateurs d'aujourd'hui peuvent se rattacher[9].

> « La filiation divine de Jésus ne repose pas, d'après la foi de l'Église, sur le fait que Jésus n'ait pas eu de père humain ; la doctrine de la divinité de Jésus ne serait pas mise en cause si Jésus avait été issu d'un mariage normal. Car la filiation divine dont parle la foi n'est pas un fait biologique (…), elle se situe dans l'éternité de Dieu »[10]

---

[8] Beaudin Bernard, Marie, figure de l'Église, Mémoire de Maître en Mariologie, Université de Sherbrooke, août 1995.

[9] Idem

[10] Ratzinger Joseph, « Foi chrétienne hier et aujourd'hui », Mame, 1969. Article paru dans dans Catho Bel, Luc Aeren, À propos de la virginité de Marie,16 janvier 2017 : C'est au Concile du Latran de 649 (plus de six-cents ans après la vie terrestre de Jésus avec Marie!) que l'Église affirma que Marie est demeurée vierge. Mais « cette conviction ne sera jamais érigée en dogme ».

La virginité de Marie exprime la foi en Jésus, Dieu fait homme sur la seule initiative de Dieu. La conception virginale est l'image évangélique qui traduit ce mystère. « Né de la Vierge Marie » est une affirmation de foi remontant aux 1ers *Credo* de l'Église primitive.

La virginité perpétuelle de Marie est une image évoquant l'accouchement maternel de Dieu en humanité. Elle regarde le fils pas tant la mère. L'image virginale mariale ne peut déshumaniser Marie, en l'asexuant complètement et en l'aseptisant totalement contre la sexualité humaine. L'expérience de la Résurrection a amené l'Église primitive au questionnement sur l'existence historique de Jésus. Le silence virginal et le silence pascal appartiennent au même mystère. L'Emmanuel de l'Annonciation est le Seigneur de la Résurrection.

En « débiologisant » le mystère de Marie, Vierge, nous arrivons à en saisir toute la révélation de Dieu qui s'incarne dans la chair de l'histoire des individus et de l'Église, jusqu'à la fin des temps. Faire toute la place à Dieu, c'est être continuellement en état de virginité mariale. La figure de virginité-maternité de Marie n'évoque pas l'état corporel de celle-ci ni ne parle des présupposés de sainteté totale requise pour approcher Dieu et pour être en communion privilégiée avec Lui. La conscience croyante est ici conduite au seuil d'un indicible acte d'amour gratuit de Dieu à qui rien n'est impossible.

Marie, Mère de Dieu

Le Concile d'Éphèse en 431, proclama que Jésus est homme et Dieu, dans l'unicité de sa personne de fils de Marie et de Fils du Père. On assista alors à une véritable explosion du culte marial, En outre, Vingt ans plus tard, la doctrine concernant Marie Mère de Dieu trouva une nouvelle confirmation au Concile de Chalcédoine en 451, où le Christ fut défini « vrai Dieu et vrai homme [...], en son humanité né pour nous et pour notre salut de Marie, Vierge et Mère de Dieu » (DS, 301). On sait comment le Concile Vatican II a recueilli la doctrine sur Marie, en un chapitre, le chapitre 8 de la Constitution dogmatique sur l'Église Lumen Gentium où il réaffirme la maternité divine de Marie. Le chapitre s'intitule « La Bienheureuse Vierge Marie, Mère de Dieu, dans le mystère du Christ et de l'Église ».

La maternité divine de Marie évoque le mystère d'une naissance pour une autre plus grande encore après le passage de la mort vaincue. Mère de Dieu exprime la totalité du mystère de Jésus indivisiblement Dieu et homme dans l'unité de sa personne La mariologie s'installe graduellement en marge, produisant une image de Marie soustraite à l'humanité profane pour accéder à la pureté de la sainteté divine.

Une femme parmi les femmes de la terre, a dit oui à l'enfant qui va naître d'elle, alors que Celui-ci existe depuis toute éternité !

Paul écrit aux premiers chrétiens de la Galatie au milieu du 1er siècle et insiste sur l'humanité du Fils Dieu :

> *… lorsqu'est venue la plénitude des temps, Dieu envoya son Fils, NÉ D'UNE FEMME et soumis à la Loi de Moïse, afin de racheter ceux qui étaient soumis à la Loi… (Ga 4, 4)*

L'apôtre venait de fixer la base de la théologie mariale subséquente. Quel mystère, Arius au 3e siècle, a voulu le contourner. Nestorius, cent ans après, s'y enfonça et se perdit.

Le martyrologue romain exprime pourquoi le concile d'Ephèse en 431, proclama Marie de Nazareth comme étant :

> *La Theotokos, la Mère de Dieu, puisque son fils est Dieu, ce qui ne préjuge pas de la différence entre Marie créature humaine et Jésus Fils éternel de Dieu. Au concile d'Ephèse, les Pères l'acclamèrent Théotokos, parce qu'en elle, le Verbe prit chair et le Fils de Dieu habita*

parmi les hommes, lui, le prince de la paix, à qui a été donné le nom au-dessus de tout nom.

Le pape Paul VI déplaça au premier janvier la Fête de la Divine Maternité de Marie, célébrée alors, le 11 octobre.

Marie elle-même n'en finissait pas de retourner dans son cœur sa surprenante maternité. Elle a porté dans son sein Jésus, le Seigneur et Sauveur. C'est cette maman qu'Il nous donne juste avant sa mort sur la croix. Marie suggère par sa maternité comment nous pouvons être la mère, les frères et les sœurs de son fils. (Lc 8, 21)

Marie invite à l'engagement : Tout ce qu'Il vous dira, faites-le ! (Jn 2, 5) Ce désir de la Mère de Jésus pour nous, parle d'un engagement dans l'action concrète assurément, mais davantage dans un engagement pris dans le secret de notre cœur pour « obéir » à Jésus. Remplir d'eau les jarres vides de tendresse et de miséricorde, de pardon et de compréhension. Cette mission est toujours à notre portée.

C'est dans la foi que la jeune maman de la Crèche va découvrir le sens de sa maternité qui heurte l'attente la plus normale d'une mère. C'est précisément dans cette foi qu'elle va entrevoir peu à peu la grandeur de sa maternité spirituelle. Nous sommes de la famille de Jésus qu'à la seule condition d'être comme la maman, des serviteurs de son Magnificat.

En provoquant le récit merveilleux des récits de l'enfance, Marie rapproche Dieu de l'humanité qu'il assume dans notre propre chair. Marie est garante des valeurs humaines authentifiées par Dieu qui est venu, qui vient et qui viendra: l'amour conjugal et parental, le sens réfléchi des événements, l'éducation familiale et religieuse, les relations amicales, la solidarité avec les aînés, la recherche de la vérité, la souffrance assumée.

On peut dire que c'est dans "l'ordinaire" de sa vie que Marie fut choisie pour être la Mère de Dieu. Marie et Joseph ont dit "oui" au projet de

Dieu "d'être avec nous", au quotidien. Couple en parfaite harmonie, ils vivaient amoureusement présents l'un à l'autre et à Dieu, préparant et accompagnant Jésus à vivre son rêve d'adolescent d'être totalement affairé au projet du Père. En donnant à Marie le titre post-biblique de Théotokos, au concile d'Éphèse en 431, les Pères ont voulu exprimer la totalité du mystère de Celui qu'elle avait enfanté, indivisiblement Dieu et homme dans l'unité de sa personne.

> La bienheureuse Vierge, prédestinée de toute éternité, à l'intérieur du dessein d'incarnation du Verbe, pour être la Mère de Dieu, fut sur la terre, en vertu d'une disposition de la Providence divine, l'aimable Mère du divin Rédempteur, généreusement associée à son œuvre à un titre absolument unique, humble servante du Seigneur[11]

Marie, Mère de Dieu, est une référence réaliste pour l'Église en besoin d'ouverture moins timides aux réalités actuelles d'un monde en mutation. Les croyants, que n'ankylose pas une foi repliée sur elle-même ou enlisée dans le passé, ont devant eux, la jeune nazaréenne, la servante Mère de Dieu et leur Mère. Elle s'est ouverte à la nouveauté de Dieu. L'Église, dont elle est la figure et la mère, doit avoir la même liberté, afin d'éviter de se distancer de la trajectoire d'émancipation typique de la modernité.

> ...l'appartenance à l'Église se fonde sur l'adhésion personnelle libre à la singularité de l'événement Jésus-Christ. Mesurons bien la conséquence : si l'appartenance à l'Église se base sur l'adhésion libre, elle n'est pas un fait ethnique ou sociologique. Dès lors, l'adhésion à l'Église peut se proposer à tout être humain, quelle que soit sa culture. Son message s'adresse d'emblée à « toutes les nations », il a une portée universelle. L'Église est donc appelée par vocation à « sortir de la

---

[11] Lumen Gentium, Chapitre VIII, N° 61

religion », en tant que celle-ci vise à englober tous les aspects de la vie *dans une société donnée*[12].

Marie est Mère de Dieu depuis son « oui » donné à l'ange de l'Annonciation. Dès lors, l'Esprit saint l'a couverte de son ombre. « Et puis l'ange la quitta » ! (Lc 1,38) Silence! Place au cheminement de son engagement dans la foi. Marie a dû faire sa propre démarche pour vivre son appel unique et personnel. Elle est celle qui peut nous accompagner pour répondre à l'invitation de Jésus d'être sa mère dans sa nouvelle famille du Royaume de Dieu.

Marie la toute sainte

Marie, la toute sainte, est la pensée des Pères de l'Église les ayant conduits à reconnaitre la totale sainteté de Marie, mais sans aller jusqu'à lui conférer le privilège de l'avoir été à partir du moment même de sa conception. Ce privilège lui sera accordé par l'Église au milieu du 19e siècle. Les grands théologiens des premiers siècles chrétiens, reconnaissent cette sainteté sublime par des expressions telles que,« non souillée »[13], « sans tache »[14], « exempt de faute »[15]. Mais rien dans la pensée officielle de l'Église des premiers siècles attribue une conception immaculée pour Marie. Elle affirme cependant que la Vierge est la toute sainte, titre particulièrement cher à l'Orient chrétien.

En 1854, le bienheureux pape Pie IX, dans une déclaration dogmatique, Ineffabilis Deus, proclame qu'en vue de sa maternité divine, Marie, dès le premier instant de son existence, reçoit prématurément le Salut

---

[12] Tihon, Paul, L'Église, les religions et la culture moderne, Dans Nouvelle revue théologique 2004/3 (Tome 126), pages 435 à 445

[13] Marcel d'Ancyre, + 374.
[14] Grégoire de Nazianze, + 390.
[15] Ambroise de Milan, + 397; Augustin d'Hippone, + 430.

apporté par son fils, le Fils du Père. Voici que quatre ans plus tard, à Lourdes, Marie se révèle à Bernadette, une adolescente illettrée du lieu : « Je suis l'Immaculée Conception ». Plus de deux cents ans avant la définition du dogme, un théologien du 17ᵉ a réfléchi ce privilège marial ainsi : Le corps du Sauveur a été réalisé avec de la terre; mais cette terre est une terre vierge, une terre sainte, une terre préservée et désignée par Dieu à cet effet de toute éternité[16].

L'Immaculée Conception est la recréation de la communion première entre Dieu et l'humanité. Marie de Nazareth est la toute sainte, reconnue être l'image « immaculée » de Dieu, chef-d'œuvre de la création renouvelée. Elle est aussi la figure de notre propre image immaculée de baptisés dans le Christ. La dignité humaine est rétablie dans l'Immaculée Conception de Marie. La relation originelle avec Dieu, coupée par une « conception » pécheresse, est restaurée par l'Immaculée Conception, image de la Rédemption qui s'accomplit par la large gratuité de Dieu. Marie dans son Immaculée Conception dit simplement qu'elle ne met pas d'obstacle à Dieu dans l'accomplissement de son plan de Salut pour l'humanité.

En se libérant du modèle biologique de penser le privilège de l'Immaculée Conception, la figure de Marie Immaculée gardera toute sa vérité croyante et signifiante. Il importe de garder son regard fixé sur le Christ pour bien voir sa Mère comblée de grâce. L'Immaculée Conception de Marie la dispose à une totale conversion à son Fils, en devenant, comme pèlerine dans la foi, la transparente icône de Dieu.

---

[16] Saint Robert Bellarmin (1542-1621)

La définition dogmatique de l'Immaculée Conception de Marie, définie par l'Église au milieu du XIXe siècle, fut, pour dire peu, une décision prise dans un contexte historique bien déterminé et dominé par l'esprit antireligieux du rationalisme ambiant. Cette promulgation venait mettre un terme à plus de mille ans d'un long et complexe débat théologique sur le sujet. L'Église réagit contre le modernisme considéré comme le grand péché de l'époque en proposant la figure de Marie, la femme sans péché, transparence de Dieu. La foi de l'Église essaie de s'affirmer malgré les conjonctures anthropologiques changeantes qui peuvent menacer le monde religieux catholique particulièrement. Au-delà de l'histoire, se situe un propos spirituel nourrissant pour la foi qui veille et s'active.

Le privilège de Marie de son Immaculée Conception, nous pouvons le partager avec Elle, en nous disposant à donner à son fils, le Fils du Père, notre espace intérieur. Alors, telle une page toute blanche, Dieu-avec-nous pourra imprimer son Image vivante en nous. Nous recevons par la grâce du baptême ce que Marie a reçu par la grâce de sa conception immaculée, son baptême anticipé.

Le mystère marial chemine dans l'histoire avec ses débats et ses combats. L'itinéraire du long parcours réalisé au cours du temps a fait surgir une épiphanie mariale particulièrement intense au cours du 19e et 20e siècles. L'immaculée Conception, au début de la vie de Marie et l'Assomption, à la fin de sa vie, sont sœurs jumelles nées de la pensée théologique inspirée souvent par la piété populaire, le sensus fidelium[17].

Comme l'Assomption qui marque la fin de la vie de Marie sur terre, l'Immaculée Conception à son commencement, décrit un événement eschatologique, c'est-à-dire

---

[17] Commission théologique doctrinale, dans un texte de 2012 sur « la théologie aujoud'hui » : « Les sensus fidelium est donc le sens de la foi profondément enraciné dans le peuple de Dieu qui reçoit, comprend et vit la Parole de Dieu au sein de l'Église ».

du Royaume à venir. Elle projette cette vérité que Marie a fait parfaitement ce qu'un être humain peut faire, quand il souscrit à la grâce dès le commencement de sa vie chrétienne. La vision de foi sur l'Immaculée Conception n'est donc pas une conception morale. Ce n'est pas le péché qui constitue la raison première de la venue du Christ; c'est son amour pour nous, au point de vouloir nous communiquer sa propre vie divine. L'Immaculée Conception offre l'occasion aux croyants de se demander quelle est la part qu'ils apportent pour « enlever » le péché du monde, avec le Christ.

L'Assomption de Marie

Nulle part dans le Nouveau Testament, la mort de Marie n'est racontée. Ce silence fut assez tôt rompu et rapidement la fin de vie de la mère de Jésus a été l'objet de réflexion et d'interprétation. Dès le 2ᵉ siècle, mais davantage vers le milieu du 5ᵉ siècle, s'élaborent dans les milieux chrétiens du Proche Orient, des récit apocryphes, fantastiques, apocalyptiques et hermétiques sur les derniers jours de Marie dans notre monde, avant son « *TRANSFERT* » au ciel. Jusque-là, le culte des martyrs s'établissait à l'endroit même où ils avaient vécu violemment la mort. Pour Marie, on ne connaissait pas le site de sa mort; il n'y avait donc pas la moindre évidence de dévotion. Vers 377, Épiphane de Salamis résume ce fait par ces paroles: « Si elle est morte ou si elle fut ensevelie, si elle fut martyrisée ou si elle est demeurée vivante, nous n'en savons rien ».

Mais, c'est vraiment à partir du concile d'Éphèse en 431 que la dévotion à Marie et la dédicace des Églises en son honneur commencent à se populariser. Ce mystère entourant la fin du séjour de la *Théotokos* sur la terre, suscita à partir du 5ᵉ siècle, particulièrement en Orient, une littérature débordante, gonflée d'images et de faits invraisemblables desquels, la théologie a bien du mal à y discerner quelques pépites de vérité et de contenu spirituel.

L'Assomption de Marie marque la fin de son périple terrestre. En mourant Marie ressuscite corps et âme, devenant une personne nouvelle transfigurée pour l'éternité. C'est sa résurrection, sa complète Rédemption dont « la cause exemplaire est la résurrection du Christ »[18]. C'est à ce Salut total promis auquel nous sommes tous appelés, comme Marie, en qui il est achevé et définitif. Marie nous montre à quoi ressemble un chrétien sauvé. Chaque siècle, l'un après l'autre a voulu dire à sa façon comment Marie est une figure d'espérance pour tous. La foi en l'Assomption comme en l'Immaculée Conception se situe au-delà de la conceptualisation augustinienne sur le péché originel et de la doctrine classique scolastique de l'immortalité de l'âme rationnelle séparée attendant son corps ressuscité. Au départ de sa vie comme à la fin de son parcours sur terre, Marie a été associée à un destin d'exception pour l'affranchir du sort réservé au reste de l'humanité selon la doctrine augustinienne du péché originel. C'est cohérent car la dispense du péché originel dispense logiquement de la mort qui en est un effet. Mais on ne peut pas dissocier Marie du sort réservé à Jésus qui est passé par la mort, et la mort sur la croix.

En abrégeant les explications théologiques, la déclaration *Munificentissimus Deus* du dogme par le pape Pie XII, en 1950, marque la fin de la vie terrestre de Marie de Nazareth. Si elle était là au pied de la croix, puis au milieu de la première communauté chrétienne d'après la Résurrection de Jésus, Marie pouvait être dans la bonne cinquantaine et peut-être plus. Peu importe, elle la servante et mère de Dieu, sur terre était mûre pour assumer son rôle de Mère de l'Église et de Mère spirituelle pour chacun de nous.

L'Assomption de Marie au ciel, c'est sa Résurrection, fruit de sa propre et personnelle rédemption. C'est son couronnement de Reine, pour parler bibliquement, en référence à la Mère du Roi dans l'Ancien Testament. En 1958

---

[18] BORRESEN, Karie. « Marie dans la théologie catholique ». *Concilium* N° 188, 1983. P. 101.

d'ailleurs, la fête du Couronnement de Marie au ciel et sur la terre, se voulait le corolaire de la déclaration de l'Assomption, quatre ans auparavant.

Tous les titres et privilèges octroyés à Marie n'ont pour objet qu'une seule intention théologiquement parlant : Exprimer en des mots, issus l'intelligence humaine, dans le temps et l'histoire, l'indicible mystère de Dieu, fait homme.

Oui, nous croyons en la spécificité du rôle de Marie, quand les temps furent accomplis (Mc 1, 15). Oui, nous croyons qu'elle est le sublime modèle de son plein accomplissement de première chrétienne. Elle est la première à suivre le Christ ressuscité en vivant sa propre Pâque, soit son passage d'ici-bas à l'au-delà. Ne restons pas là à regarder le ciel (Ac 1, 11) a dit Jésus à ses apôtres le jour de son Ascension. Marie nous donne le même message. Continuez votre route jusqu'au jour où tout sera accompli pour nous, comme ce fut le cas pour Jésus (Jn 19, 30)

L'Assomption de Marie marque définitivement qu'elle est en pleine possession du Salut. Marie est l'Église transfigurée vivant la totale réalisation du mystère pascal. Dans la mesure où nous tendons à réaliser notre configuration au Christ ici-bas, nous participons déjà à la fête de la consommation de notre union à Dieu. Nous sommes déjà en « Assomption ». La destinée de Marie est aussi la nôtre et notre mort est l'acte solennel de notre communion au Christ.

> L'image de Marie exaltée, élevée aux cieux n'est pas d'abord son enlèvement ou son échappée vers les cieux ! La gloire qui l'envahit vient du Christ ressuscité. Ce que Marie a assumé sur la terre est maintenant assumé par Dieu et transfiguré pour être conforme à Jésus glorifié. Voilà l'ultime merveille que le Seigneur fait pour elle, et comme il fera pour nous. L'amour de Dieu et des autres, vécu sur la terre dans l'économie sacramentelle, sera rendu transparent dans notre personne d'éternité, selon notre désir et notre volonté de laisser Dieu agir en nous. Loin de nous inviter à une évasion et à rêver aux anges, l'Assomption appelle à

l'engagement au service de notre mission qui s'ajuste à l'évolution de notre histoire et de l'Histoire. [19]

La relecture de notre spiritualité mariale est source d'énergie évangélique et elle garde vivante l'Assomption à laquelle nous sommes tous et toutes appelés à partager avec Marie. En acceptant de toujours « repartir », c'est-à-dire, de nous convertir continuellement, notre espérance demeure vivante. Nous sommes donc en attente d'un corps de résurrection, don du Père dans le Christ par l'Esprit qui renouvelle tout. L'Assomption annonce et prépare la grande fête de la Toussaint, jour choisi par Pie XII pour proclamer la foi catholique en Marie, élevée corps et âme dans la gloire du ciel.

La Constitution dogmatique sur l'Église, *Lumen Gentium,* précise *que* la doctrine mariale exprimée au chapitre VIII du document sur l'Église ne se veut pas complète, ni qu'elle ne doive point être l'objet de recherche théologique susceptible d'éclairer des aspects non encore amenés à la pleine lumière.

Pour René Laurentin[20], il s'agit des trois questions toujours à l'ordre du jour des réflexions entre théologiens, à savoir: si Marie a connu la divinité du Christ lors de l'Annonciation, le concile se taisant sur ce point; si Marie a conservé l'intégrité physique lors de la naissance de Jésus, le concile, en réaffirmant la consécration virginale de Marie par l'enfantement, reste silencieux sur les conséquences physiologiques d'une telle perfection intégrale; si Marie est morte, le concile s'en tenant au texte de la déclaration de Pie XII: « *Munificentissimus* » de 1950.

---

[19] Assomption, Homélie, Communauté Sant'Egidio, Rome 15 août 2008 – E.S.M.
[19] LAURENTIN René. *La Vierge au Concile.* Paris, Lethielleux, 1965. p. 84.

Passer l'événement Marie au peigne fin des méthodes et des approches scientifiques, est-il propre à susciter chez le peuple chrétien un regain de foi? Démythifier Marie, c'est lui redonner la place que l'Évangile lui assigne. C'est la vouloir vraiment notre figure signifiante,

Chapitre IV : Marie célébrée

Marie, compagne de route

Les projections sur la jeune fille de Nazareth que l'Église patriarcale lui a attribuées ne rendent plus Marie comme un modèle satisfaisant aux requêtes actuelles des changements de paradigmes. Tant l'Église se fait proche des gens et porte l'odeur des brebis[21] , tant Marie sera aussi. En marchant notre chemin de foi et de croix, Marie, comme compagne de route, nous apprend à lire autrement l'itinéraire de notre parcours à la suite de Jésus. Marie doit continuer d'être ce qu'elle est vraiment: une croyante qui a agi et qui veut continuer d'agir chrétiennement, donc d'aimer éternellement. Ainsi présentée, on peut accueillir et relire pour aujourd'hui les vocables séculaires maintenus par le concile: avocate, auxiliatrice, aide, médiatrice. Ces titres évoquent la charité dont l'humanité ne peut se priver pour vivre son projet collectif de solidarité internationale et de respect des droits de chacun de ses individus.

Relation mariale authentique

L'hommage rendu à Marie nous amène à la « prendre chez nous » pour qu'elle nous apprenne à « méditer les événements dans notre cœur ». Le « Faites tout ce qu'Il vous dira » de Cana exprime la volonté maternelle première et dernière de Marie, adressée aux serviteurs de la Parole que nous sommes comme chrétiens. La révélation de Cana donne le sens de la réelle dévotion mariale. Le conseil de Marie rappelle la promesse d'Israël lors de la théophanie du Sinaï: « Tout ce que le

---

[21] Pape François, messe chrismale, Mars 28, 2013, Messe christmale

Seigneur a dit, nous le ferons. »[22] On peut aussi y voir un certain rapprochement avec le désir exprimé par le Ressuscité aux Onze: « Allez, de toutes les nations faites des disciples...leur apprenant à garder tout ce que je vous ai prescrit. »[23]

> Ce que Jean met sur les lèvres de Marie, Matthieu le présente comme une mission confiée par le Christ aux apôtres, c'est-à-dire l'Église: Marie et l'Église se rencontrent pour conduire les hommes à l'obéissance à l'Évangile du Christ. Marie et l'Église renvoient à l'unique Loi qui sauve: la parole de Jésus.[24]

Le véritable culte marial doit tendre à nous rendre identiques au Christ, dans le respect d'une pratique saine, éprouvée et appropriée, en sauvegardant l'originalité des peuples et de leur culture. En s'appuyant sur la prophétie de Marie elle-même, dans son Magnificat: « Toutes les générations m'appelleront bienheureuse »[25], et sur l'esprit qui l'habitait au moment de son chant de reconnaissance à Dieu, l'Église nous invite à rendre un culte à la Théotokos dans les limites de la christologie et de l'ecclésiologie, « Marie étant toute relative au Christ et Mère de l'Église. »[26]

Marie historique à Marie symbolique

Si notre relation à Marie est vraie, elle tient compte des quatre orientations exprimées dans Marialis Cultus de saint Paul VI pour le culte de la Vierge est

---

[22] *Ex* 19, 8.

[23] *Mt* 28, 20.

[24] L'ORDRE DES SERVITES DE MARIE. *Faites tout ce qu'Il vous dira. Réflexions et propositions concernant la piété mariale.* Montréal, Paulines, 1984. p. 53; *Jn* 6, 68.

[25] *Lc* 1, 48.

[26] PAUL VI. *Discours de clôture,* 22 novembre 1964. *Osservatore Romano.* Cité par R. LAURENTIN. *op. cit.,* p. 139.

biblique, liturgique, œcuménique et anthropologique. Marie est moins un symbole transcendant qu'une personne historique. Sa figure aux multiples traits est sous la loupe de la théologie, de l'œcuménisme, de la spiritualité, de la morale, et de la culture sociale. Mais Marie est une personne historique et accessible malgré sa puissante figure symbolique?

D'abord, la Vierge Marie a toujours été proposée par l'Église à l'imitation des fidèles, non point précisément pour le genre de vie qu'elle a expérimenté, d'autant moins que le milieu socioculturel dans lequel elle s'est déroulée est aujourd'hui presque partout dépassé, mais parce que, dans les conditions concrètes de sa vie, elle a adhéré totalement à la volonté de Dieu (cf. *Lc* 1, 38), elle a accueilli la parole et l'a mise en pratique, elle a été inspirée dans son action par la charité et l'esprit de service : en résumé, elle fut la première et la plus parfaite disciple du Christ. Tout cela a une valeur exemplaire universelle et permanente.[27]

La prière mariale

La prière chrétienne se situe dans la prière même du Christ, unique Médiateur et Intercesseur, qui prie constamment le Père pour nous. Ceux qui appartiennent au Christ, ici-bas et dans l'au-delà, vivent dans une relation, que le Credo nomme la « communion des saints ». C'est dans cette perspective qu'on peut parler de prière mariale sous trois aspects principaux :

- 1) la prière de Marie
- 2) la prière avec Marie

---

[27] Paul VI, Marialis Cultus, N° 35

- 3) la prière à Marie

La prière de Marie

La prière de Marie à Dieu est liée à son élan de reconnaissance de ses limites humaines face à son Créateur. Marie a prié. La prière mariale dans le Nouveau Testament est concentrée dans le *Magnificat*, bien que l'on puisse considérer « prière » son dialogue avec Gabriel ou encore avec les serviteurs et son Fils aux noces de Cana et même avec Jésus adolescent, retrouvé au Temple.

Fille de la terre et Mère de Dieu ont fait de Marie, une figure dichotomique et emblématique exceptionnelle par sa condition humaine et par sa proximité avec le Divin. Marie a une longue histoire dont le point d'ancrage se rencontre dans le Premier Testament, si on tient compte du symbolisme typologique des personnages et des objets bibliques. Bien que discrètement présentée dans le Nouveau Testament, Marie occupe pourtant un espace important dans la foi chrétienne. Son histoire a traversé les siècles. Sa prière aussi.

C'est à cause de sa foi de première chrétienne que l'Église reconnaît la place éminente de la modeste jeune fille de Nazareth. Son cheminement, à la suite de son Fils, est pour le croyant, une inspiration pour le sien. En scrutant bien les textes du Nouveau Testament qui se rapportent à Marie, il est possible de définir deux principales formes que peut prendre sa prière à Dieu : la demande et la reconnaissance. La demande se concentre sur le « comment » de l'Annonciation et sur le « pourquoi » de la fugue de Jésus. C'est le plus souvent l'expression de notre propre expérience de prière. La reconnaissance se constate dans la proclamation de sa condition de servante de la volonté de Dieu, de son amour gratuit pour elle-même et pour les générations de croyants.

Sa prière de demande et de reconnaissance se qualifie par sa totale confiance à la toute-puissance divine : « Faites tout ce qu'Il vous dira ». La qualité de la prière de Marie vient des longs moments accordés à la méditation et à l'intériorisation de la présence mystérieuse de Dieu dans sa vie.

La prière avec Marie

Au tout début des Actes des Apôtres, en quelques mots, l'essentiel est dit : Avec Marie, les disciples prient et forment la première communauté des croyants. Marie est l'une des nôtres dans la prière. Elle est tout simplement notre sœur en humanité, une mère dont la présence consiste à nous ouvrir à l'œuvre de Dieu et à nous faire devenir adulte dans la foi.

Dans sa personne d'éternité, Marie demeure dans les limites de sa condition humaine. Elle contribue, par sa prière avec les saints du ciel et les fidèles sur la terre, à construire le Règne de Dieu. Ce lien à Marie qu'entretiennent les croyants les oriente et les soutient dans leur recherche personnelle et communautaire de Dieu. Marie est un témoin privilégié de l'action de Dieu au milieu de son peuple, lequel peut se fier et se confier à elle, tout comme au temps de la primitive Église. Elle n'est nullement l'intermédiaire obligée qui accorderait tout comme si Dieu ne le pouvait pas.

La prière à Marie

La vraie relation à Marie conduit à Jésus. En se tournant vers la Mère, les croyants se tournent vers le Fils que sans cesse Marie présente à ceux qui s'approchent d'elle. Telle est l'image évangélique de cette femme qui a toute la faveur du Père. Elle présente Jésus à Élisabeth, aux Bergers et aux Mages, aux vieillards Siméon et

Anne ainsi qu'aux servants de la noce. On peut dire avec France Quéré[28], grande théologienne protestante, qu'on ne prie pas Marie, on prie Jésus avec elle. Voilà le sens de la prière à Marie. Elle ouvre la voie d'une vraie découverte personnelle du Christ. On va au Père par le Fils dans l'Esprit.

Marie est une compagne de la continuelle conversion à l'Évangile. En rigueur de termes, la prière ne s'adresse qu'à Dieu seul. La prière à Marie est une relation qui amène le chrétien à s'engager au nom de sa foi. C'est la plus grande grâce qu'il peut obtenir de sa prière mariale. C'est Dieu qui exauce. Marie intercède auprès de Lui en notre faveur. Le catholique et l'orthodoxe louent Dieu « par » Marie! Le protestant préfère louer Dieu « pour » Marie. Aujourd'hui, les différentes Églises chrétiennes reconnaissent à Marie, son rôle unique et exemplaire, comme disciple et mère de Jésus.

Marie n'a rien à dire ni à montrer d'elle-même. Elle dit et montre Jésus en étant simplement sa mère et la nôtre. En la priant, elle nous éduque dans la foi, en nous centrant sur le Christ, afin que nous devenions de mieux en mieux les vrais adorateurs du Père, du Fils et de l'Esprit. La prière de Marie inspire la nôtre. La prière avec Marie nous garde dans l'unité. La prière à Marie nous rapproche de Dieu.

Le cœur a ses raisons que la raison ignore

Le philosophe Pascal n'associe pas la raison aux raisons du cœur, car celui-ci est souvent au-dessus de la raison. L'amour et la foi viennent du cœur. Ils font naître la confiance. La relation à Marie est celle d'un enfant envers sa mère, c'est un regard, comme est celle de Jésus envers son Père : *Jésus levant les yeux vers le*

---

[28] Quéré France, Marie, Desclée de Brouwer, 1996, 188 p.

ciel[29] . C'est bien cette même attitude que Jésus, répondant à la demande des disciples, leur propose : Quand vous priez, dites : ***Notre Père, qui es aux cieux***[30]

Dans le célèbre film « Titanic » de James Cameron, Rose s'échappe du naufrage mais Jack sombre. Une bien triste fin pour une si grande et dramatique histoire d'amour. Il semble que Rose aurait eu tant encore à confier à son amant : *Le cœur d'une femme est un océan de secrets,* lui a-t-on fait dire dans le scénario.

Eh! Bien, cette citation est inspirante pour parler du Cœur Immaculé de Marie dont la fête est inscrite dans l'Ordo des événements et des fêtes qui jalonnent la vie liturgique de l'Église. Si nous accueillons la pensée offerte par Rose du Titanic, nous pouvons dire : Le cœur de Marie est un océan de secrets aussi, c'est bien une femme de chez-nous! Alors, quel est le tien, toi, Petit Frère de Marie, toi jeune mariste, toi, laïc de Champagnat? Quel est le nôtre, en tant que famille globale québécoise, régionale et internationale?

Dans cet océan de secrets, crois-tu que Marie en a un pour toi? La fête de son Cœur, t'offre l'occasion, d'aller « faire une plongée sous-marine au fond de son Cœur dans le silence de ton propre cœur. Même si le Covid-19, s'agite et sème la terreur au cœur du monde.

Dans cette réalité qui nous confine et qui nous distancie, les chercheurs se multiplient. Soyons de ceux-là. Cherchons le secret que Marie veut nous confier quand la mort rôde dans les maisons de nos aînés et dans nos déplacements obligés et déconfinés. Il y a un secret pacifiant et réconfortant pour ceux et celles qui écoutent avec foi et confiance. Dans cette perspective, croyons que chacun entendra le secret du Cœur de notre Bonne Mère.

---

[29] Jean 27,1 – Marc 7, 34
[30] Luc 11, 2

Ce secret est unique et il est pour toi, comme ton propre cœur l'est tout autant. Le Cœur Immaculé de Marie traduit l'idée que cette femme s'est totalement investie dans l'appropriation de sa foi, de sa confiance et de son accueil de Jésus.

Au plus intime de ta propre personne, tu liras son secret, à propos de la manière d'être de ton cœur.

Marie, monitrice de nos étés

Marie peut être vue comm la monitrice des activités de nos camps d'été familiaux, communautaires et spirituels. Elle est une bénévole assidue toujours prête à panser un bobo et ou à dire le bon mot. C'est une référence occupée. En éduquant Dieu à être un bon enfant des hommes, en Jésus, elle a développé des habiletés de service et de présence peu communes. Il y a une aire de repos bienfaisante, il y a un feu de camp pacifiant à son école, c'est celui du Cœur doux et humble de son fils et le sien, grand ouvert et immaculé.

Venez à moi, vous tous qui êtes fatigués et chargés, et je vous donnerai le repos...
(Mt 11, 28)

Confinée dans ses limités humaines et celles imposées par la culture de son époque, elle a choisi de servir Dieu qui l'a fait Mère de tous, par sa foi consentie et interprétée à chaque étape de sa vie. C'est Ma Dame, c'est Notre-Dame. C'est ma monitrice accueillante et réceptive aux égratignures de mon cœur, aux brûlures de mon âme et aux aventures de mon esprit.

En juillet, on la dit Notre-Dame-du-Mont-Carmel, comme on peut aussi la nommer Notre-Dame-d'été, Notre-Dame-des-vacances et encore Notre-Dame-des-camps. Ces titres évoquent l'idée de s'habiller le cœur avec le vêtement de sa protection et de son amour. C'est le sens de son scapulaire.

Le prophète Élie se retira au Mont Carmel en Palestine. On associe le prophète avec Marie quant aux origines du Carmel. La typologie mariale du petit nuage d'Élie, développée par la Tradition carmélitaine, laisse entendre que de Marie viendra un temps d'abondance après un long moment de sécheresse. (1R17;19)

A la fin du XIIème siècle, des ermites latins venus d'Occident, les premiers Carmes, y construisirent une petite église dédiée à Notre-Dame. La montagne est attirante. En y pénétrant, un charme, un silence, un souffle, tout devient autrement en soi. On entre ailleurs, dans le mystère de ce qui nous dépasse. C'est la contemplation de la communion d'une Présence.

Prière contemplative

Dieu s'est reconnu en toi, modeste jeune fille de Nazareth. Tu as été choisie pour être l'humble image « immaculée » du cœur même de Dieu. Tu es l'icône de notre propre image immaculée de baptisés dans le Christ. Marie, prie pour que notre cœur ne se ride pas. Qu'il demeure un espace ouvert à Dieu pour qu'Il puisse y imprimer les traits qui soient ceux de ton Cœur Immaculé. Ainsi il saura que nous sommes de sa famille aussi : sa mère, ses frères et ses sœurs, car nous voulons un cœur semblable au tien, reflet du divin Cœur de Jésus.

Conclusion

La réflexion mariale de ce petit ouvrage a voulu offrir un exposé simple et concis aux personnes qui cherchaient un fascicule accessible et compact pour rafraîchir leur relation et leur compréhension personnelle et communautaire de Marie. La jeune fille, saluée par Dieu *quand les temps furent accomplis.* [31] Elle est la Sainte Vierge, dont l'image est celle d'une femme que Vatican II a voulu offrir à la dévotion des fidèles, comme la première chrétienne, pèlerine de sa foi réinterprétée et assumée. La fidélité à son appel d'être la Mère de Jésus et de l'Église, s'observe et se déploie dans le service de son Magnificat.

---

[31] Galates 4,4

www.ingramcontent.com/pod-product-compliance
Lightning Source LLC
Chambersburg PA
CBHW051355150726
48000CB00003B/1199